DIESES BUCH GEHÖRT:

1. Auflage 2015
© Ueberreuter Verlag GmbH, Berlin 2015
ISBN 978-3-7641-5065-5

Herausgeberin: Kathrin Köller
Text: Friederike Peters
Umschlag- und Innenillustrationen: Julia Dürr
Grafikdesign und technische Umsetzung: finedesign – Büro für Gestaltung, Berlin
Druck und Bindung: Factor-Druk, Kharkiv

Fotonachweis:

Shutterstock: © clearlens (S. 10 oben und S. 22), © Matt Gibson (S. 10 unten), © Dan Tautan
(S. 11 oben), © Giancarlo Liguori (S. 11 unten), © guruXOX (S. 14), © algol (S. 16), © St. Nick
(S. 17, 1. Bild), © Nejron Photo (S. 17, 2. Bild), © Szente A. (S. 17, 3. Bild), © Alastair Wallace
(S. 17, 4. Bild), © Zekabibr (S. 24 oben), © Viktor1 (S. 24 unten), © Phil MacD Photography
(S. 26 oben), © kilukilu (S. 26 unten), © Phatanna Stock (S. 30 oben und S. 50), © Lukasz
Janyst (S. 30 unten und S. 50), © Emi Cristea (S. 31 oben und S. 50), © Ivan Kuzmin (S. 31
Mitte), © Keval Tamer (S. 31 unten und S. 50), © Iurii Kachkovskyi (S. 32), © clearlens (S. 34),
© Jose Ignacio Soto (S. 37 und S. 40 oben), © Lyubov Timofeyeva (S. 40 unten), © Matyas
Rehak (S. 44 oben), © Halfpoint (S. 44 unten), © Radu Razvan (S. 45 oben), © Nattee
Chatermtiragool (S. 45 unten), © MariaSW (S. 46 oben), © Padmayogini (S. 46 unten), © aniad
(S. 47), © manfredxy (S. 48), © euthymia (S. 49 unten)

Fotolia: © marcfotodesign (S. 21 unten), © Thomas (S. 25), © Michael Bolte (S. 35 oben),
© Dmitry Naumov (S. 37 links), © Wallpaper (S. 37 rechts)

iStockphoto: © duncan1890 (S. 20 unten), © swisshippo (S. 24 Mitte), © AlexMax (S. 33),
© danbreckwoldt (S. 36 rechts), © john500 (S. 36 links)

Übrige: © Wikimedia Commons/Thiemo Gamma (S. 20 oben), © Wikimedia Commons (S. 21
oben und S. 49), © Schlösserland Sachsen/Schloss Moritzburg & Fasanenschlösschen
(Foto: Volker Kreidler) (S. 35 Mitte), © Schlösserland Sachsen/Schloss Moritzburg &
Fasanenschlösschen (Foto: Werner Lieberknecht) (S. 35 unten), © Wikimedia Commons (S. 38)

www.ueberreuter.de

LESEFORSCHER B
entdecken – staunen – lesen lernen

Friederike Peters

Tor auf!

Im Innern von Burgen und Schlössern

Mit Illustrationen von Julia Dürr

Filu
LESE-
FORSCHER

FUCHSIGER
ANGREIFER

ueberreuter

FÜR FILU!

 Weißt du, wie man Ritter wird?

 Was ein Ritter beim **Turnier** gewinnen kann?

 Oder wie die Perücke eines **Sonnenkönigs** aussieht?
Komm mit! Wir treffen auch einen **Burgherrn**
und ein echtes **Schlossgespenst**.

Inhalt

Burgenstark

Hamburg, Wolfsburg, Würzburg? Sieht aus wie eine **Ritterburg**.

Willkommen im **Mittelalter**! Die meisten Menschen sind Bauern. Sie arbeiten schwer auf ihren Feldern. Sie liefern dem Burgherrn einen Teil ihrer Ernte ab. Dafür **beschützt** er sie.

Zugbrücke

Fallgitter

Vorburg
Hinter den ersten Mauern dürfen die Bauern Schutz suchen.

Bergfried

Hier verstecken sich der Burgherr und seine Familie bei einem Angriff.

Burgmauer

Hohe Mauern schützen die Burg. Manche sind so breit wie zwei Elefanten.

Angstloch

Pechnase

Pech gehabt!

Verlies

Au, das ist heiß!

Zinnen

Hinter den Zinnen verstecken sich die Schützen mit Pfeil und Bogen.

Wer die Burg angreift, kriegt was auf den Kopf. Steine, heißes Wasser, Pech oder Müll. Was gerade zur Hand ist.

9

Coole Burgen-Typen

Eine Burg soll ihre Bewohner schützen. Dazu wird die **Landschaft** ringsherum genutzt.

Die Höhenburg

Die Marksburg ist auf einen hohen Felsen gebaut. Die Wachen können die Angreifer schon von Weitem sehen. Sie **schließen** das Burgtor und warnen die Bewohner.

GANZ OBEN!

Die Wasserburg

Diese Burg steht mitten in einem See. Feinde müssen erst in Boote steigen, bevor sie angreifen können.

MITTENDRIN!

Die Höhlenburg

Diese Burg ist in eine Höhle gebaut. Wenn die Burg belagert wird, laufen die Bewohner durch einen **Geheimgang** und holen sich von den Bauern Getreide, Fleisch und Obst.

GUT VERSTECKT!

Die Backsteinburg

In manchen Gegenden gibt es nicht genügend Steine zum Bauen. Dort stellen die Menschen die Steine selbst her. Das ist nicht ganz so stabil wie echter Fels. Aber es hält.

ZIEGELEI

Es gibt kaum Steine hier? Dann backe ich mir eben selbst welche!

BACKSTEIN ODER AUCH ZIEGEL

Hier ist was los!

Auf der Burg leben der Burgherr und seine Familie.
Aber auch alle, die für ihn arbeiten:
die Wachen, der Schmied, die Küchenmägde,
die Stalljungen, die Tischler und viele mehr.

HANS

Ich bin Hans, der **Burgherr**.
Als Ritter kämpfe ich für den König.
Ich habe ihm die Treue geschworen.
Dafür hat mir der König diese Burg,
das Land und die Dörfer drumherum
gegeben.

VEDERSPIL

ANNA

Ich bin Anna, die Burgherrin.
Mit 14 Jahren habe ich Hans geheiratet.
Wir haben elf Kinder. Ich **beaufsichtige** die
Knechte und Mägde. Das hier ist **Vederspil**,
mein **Jagdfalke**. Ist er nicht schön?

ZOFE

Was täte die Burgherrin ohne mich?
Ich bin ihre Zofe. Morgens suche
ich ihre Kleider heraus und **flechte**
ihr die Haare.

Wohnen die alle auf dieser Burg?

Klar. Alle – außer einer. Rate mal, wer es ist!

Ich bin der **Gaukler**.
Ich komme zu großen Festen
auf die Burg. Meine **Spezialität**:
Zauberei und flotte Sprüche.
Zum Beispiel der hier:
Der Burgherr hat einen dicken Popo,
auf dem sitzt er viel und ist froh.
Dann lachen alle. Auch der Burgherr.

GAUKLER

KOCH

Ich habe viel zu tun,
damit alle auf der Burg satt
werden. **Lebensmittel** sind knapp
und teuer. Wenn das Fleisch schon
ein wenig alt ist, würze ich es
kräftig beim Braten.
Dann merkt es keiner.

Vom Pagen zum Ritter

Ich will Ritter werden!

Überleg es dir gut. Die Ausbildung dauert viele Jahre und ist hart.

Mit sieben Jahren wirst du ein Page. Du lernst Reiten und Schwimmen. Du übst Kämpfen mit Waffen aus Holz. Du bedienst den Ritter bei Tisch. Und du übst, immer schön höflich zu sein.

Bin ich doch sowieso!

Wenn du vierzehn Jahre alt bist,
wirst du ein Knappe. Du hilfst dem Ritter,
die Rüstung anzulegen.
Wenn er im Kampf vom Pferd
fällt, läufst du hin und hilfst ihm
beim Aufstehen.

Mit 21 Jahren wirst du
zum Ritter geschlagen. Dann bekommst
du ein eigenes Schwert.

Daran erkennt man
einen Ritter.

 Ein Ritter benimmt
sich tadellos.

 Ein Ritter ist seinem König treu.

 Er ist mutig.

 Er hilft Menschen, die sich
nicht wehren können.

 Er ist immer höflich
zu den Frauen.

In der Waffenkammer

Oh Mann, ich kann kaum etwas sehen.

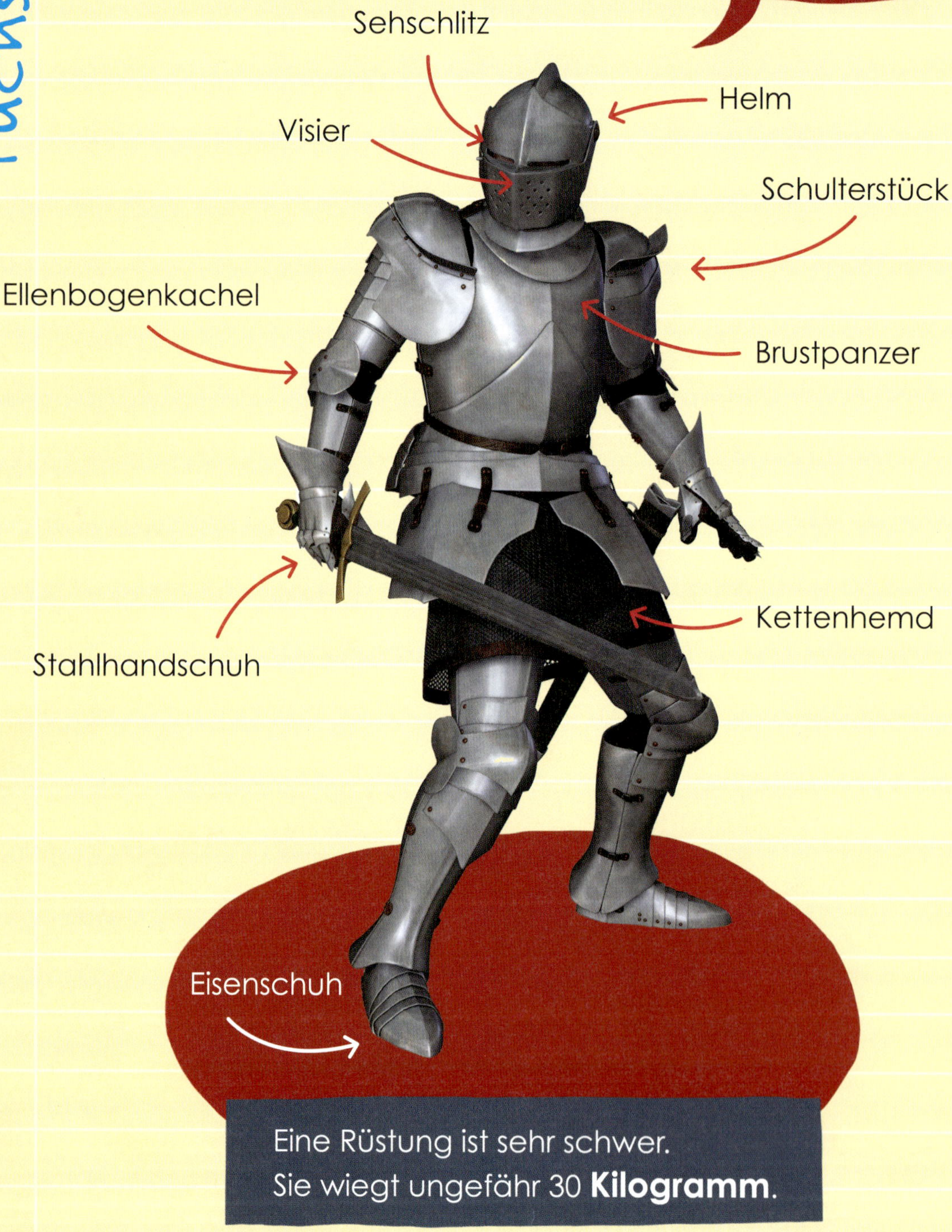

Sehschlitz

Visier

Helm

Schulterstück

Ellenbogenkachel

Brustpanzer

Stahlhandschuh

Kettenhemd

Eisenschuh

Eine Rüstung ist sehr schwer.
Sie wiegt ungefähr 30 **Kilogramm**.

Mit der **Lanze** kann der Ritter seinen Gegner vom Pferd stoßen. Länge: zwei bis acht Meter!

Kein Ritter ohne **Schwert**!
Mit dem Schwert wird er zum Ritter geschlagen.
Später ist das Schwert die wichtigste Waffe des Ritters.

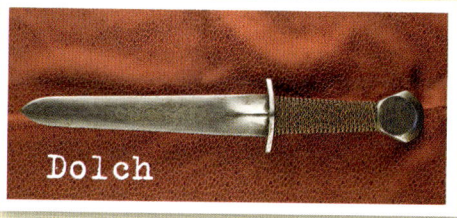

Jeder Ritter trägt einen **Dolch** an der Hüfte. Verliert er im Kampf sein Schwert, kämpft er mit dem Dolch weiter.

Ritter schießen nicht mit Pfeil und Bogen. Sie kämpfen lieber Mann gegen Mann. Alles andere finden sie ungerecht. Für die Burgwachen gilt das nicht. Mit der **Armbrust** oder mit Pfeil und Bogen wehren sie Feinde schon von Weitem ab.

Mädchensache!

Knappen, Pagen, Ritter!
Was machen eigentlich die Mädchen?

Wir lernen lesen, **schreiben** und rechnen.
Das brauchen wir, wenn wir später **Burgherrinnen** sind.
Damit uns keiner ein X für ein U vormacht.

Spinnen ist gar nicht leicht.
Wir lernen auch sticken,
nähen und weben.

Schmeckt gut, deine Suppe.
Danach bitte die beiden Schinken
vom **Wildschwein** räuchern.

Wir reiten genauso gut wie die Jungs.
Auch wenn wir Damensattel haben,
wegen unserer langen Kleider.

Wartet mal!
Wo reitet ihr hin?
Ich will mit!

Im Namen des Königs –
Johanna von Orléans

Im Mittelalter durften Mädchen nicht kämpfen. Ein Mädchen tat es trotzdem …

1

Johanna war die Tochter **französischer** Bauern. In diesem Haus wurde sie 1412 geboren. Niemand kennt ihren genauen Geburtstag.

2

Zu dieser Zeit stritten die Franzosen und die Engländer, wer in Frankreich als König regieren durfte. Johanna fragte den französischen König Karl: „Darf ich für dich kämpfen? Ich habe die Idee von einem Engel." Der König war schwer **beeindruckt**. Er sagte: „Na gut. Versuch dein Glück."

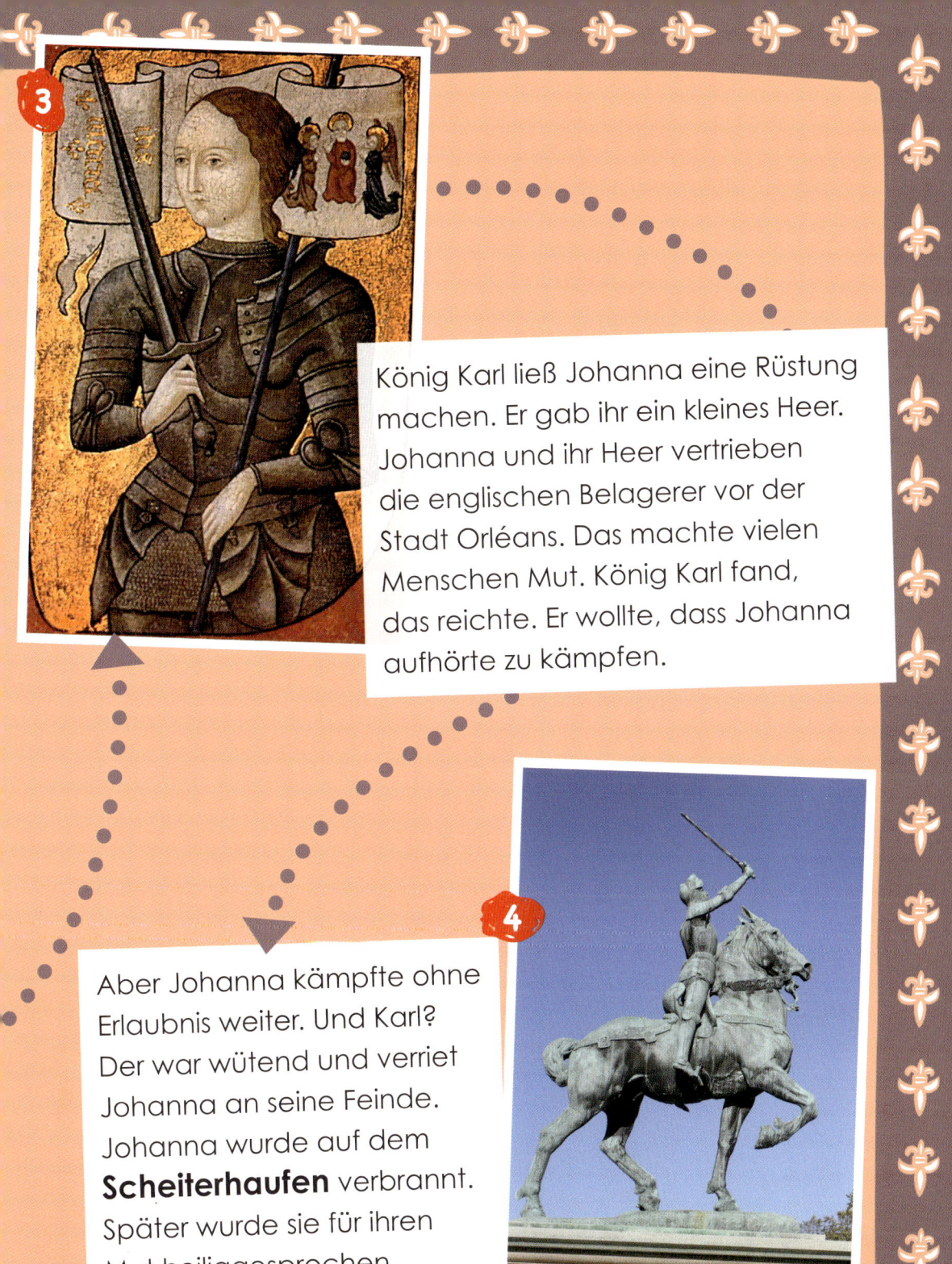

3

König Karl ließ Johanna eine Rüstung machen. Er gab ihr ein kleines Heer. Johanna und ihr Heer vertrieben die englischen Belagerer vor der Stadt Orléans. Das machte vielen Menschen Mut. König Karl fand, das reichte. Er wollte, dass Johanna aufhörte zu kämpfen.

4

Aber Johanna kämpfte ohne Erlaubnis weiter. Und Karl? Der war wütend und verriet Johanna an seine Feinde. Johanna wurde auf dem **Scheiterhaufen** verbrannt. Später wurde sie für ihren Mut heiliggesprochen. Viele Menschen **verehren** sie noch heute.

Gute Zeiten, schlechte Zeiten

 Hast du schon mal eine **Belagerung** erlebt?

 Ja. Letztes Jahr stand ein Heer vor unserer Burg. Die Belagerer **schossen** auf jeden, der hinauswollte. Da sind wir lieber drinnen geblieben.

 Wirklich Tag und Nacht?

 Immer. Sie schlugen Zelte vor der Burg auf und bewachten unser Tor.

 Hattet ihr keine Angst?

 Am Anfang war es nicht so schlimm. Doch dann hatten wir immer weniger zu essen.

Und dann? Habt ihr aufgegeben?

 Nein. Unsere **Vorräte** haben gereicht. Als es Winter wurde, hatten die Belagerer selbst nichts mehr zu essen und es war ihnen kalt. Eines Tages bauten sie ihre Zelte ab und gaben auf.

WARUM gab es Belagerungen?

Am Anfang stand eine **Fehde**. Das ist nichts anderes als ein **Streit**. Es ging um ein Stück Land oder um die Ehre.

Weil die Burgen so gut geschützt waren, warteten die Feinde davor. Sie wollten die Burgleute aushungern und zum Aufgeben zwingen. Das klappte aber nicht immer. Manche Burgen hatten einen Geheimgang nach draußen. Durch den Gang konnten die Bewohner Essen holen.

Jetzt wird gefeiert!

1 Grund zum Feiern gibt es auf einer Burg oft. Wenn eine Belagerung überstanden ist, zum Beispiel. Oder wenn der König zu Besuch kommt. Dann lädt der Burgherr zum Fest.

2 Die Speisen werden von der **Burgküche** in den Rittersaal getragen. Manchmal ist das Essen kalt, bis es auf den Tisch kommt.

3 An Festtagen gibt es Fleisch vom **Wildschwein** oder Rehbraten. Es werden Fasane, Wachteln oder Schwäne aufgetischt. Im Alltag essen die Menschen viel **Getreidebrei**, Brot und Eintopf.

Mit dem Messer essen? Na klar!
Jeder Gast bringt sein eigenes Messer mit.
Man spießt damit das Essen auf und dann
ab in den Mund. Gabeln gibt es noch nicht.
Die Gäste legen ihre Speisen auf eine
Scheibe Brot und essen mit der Hand.

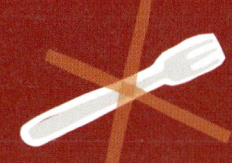

Feine Leute dürfen bei Tisch
+ nicht rülpsen
+ nicht schmatzen
+ die Nase nicht im Tischtuch **schnäuzen**

Das Turnier – ein Sportfest für Ritter

Hier treten zwei Ritter
zum **Tjost** an.
Wer seinen Gegner
vom Pferd stößt,
hat gewonnen.

Nach dem **Lanzenstechen** kämpfen
die Ritter manchmal zu Fuß weiter.

Ein **Tjost**?
Sind die noch
bei Trost?

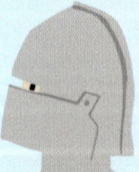

Klar, das ist
Sport.

Ein Turnier sieht toll aus, kann aber **lebensgefährlich** sein. Immer wieder kommt jemand dabei ums Leben. So wie König Heinrich im Jahr 1559. Beim Zweikampf **zersplitterten** die Lanzen. Ein langer **Holzsplitter** bohrte sich durch den **Sehschlitz** von Heinrichs Helm in sein Auge.

WARUM nehmen Ritter an einem Turnier teil?

Die Ritter wollen zeigen, wie geschickt sie sind. Manche wollen heiraten.
Sie hoffen, beim Turnier eine schöne Frau zu **beeindrucken**.
Andere Ritter wollen neue Freunde finden.
Oder etwas gewinnen: zum **Beispiel** ein Goldstück, einen **Jagdhund** oder ein Pferd.

Legendär!

Hallo! Ich heiße **Excalibur**. Ich stecke seit vielen Jahren in diesem Stein fest. Der Zauberer Merlin hat mich in diesen Stein gezaubert.

Am Anfang kamen viele feine Herren. Sie versuchten, mich herauszuziehen. Denn wer das schaffte, sollte König von England werden.

Es schaffte aber niemand. Und nun haben sie mich vergessen.

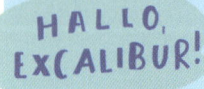

HALLO, EXCALIBUR!

Oh, da kommt doch noch einer.
Na dann, viel Glück!
Sieht ja nicht besonders kräftig aus.

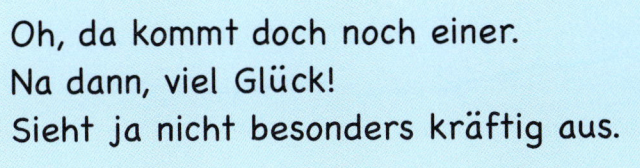

Potz Blitz! Er hat es geschafft!
Hoch lebe König Artus!

König Artus wurde ein weiser und gerechter König.
Bei seinem Volk war er sehr beliebt.
Berühmt wurde König Artus für seine **Tafelrunde**:
Er und seine Ritter saßen an einem kreisrunden Tisch.
Jeder Platz war gleich. Alle waren gleich wichtig.
Das kam gut an!

So viele tolle Burgen!

Wo würdest du gerne wohnen?

Die Burg **Matsumoto** steht in Japan. Sie ist aus Stein und Holz gebaut. Wegen ihrer schwarzen Farbe wird sie auch **Krähenburg** genannt.

SPITZE TÜRME

Mönche bauten diese Burg in Frankreich, mitten im **Wattenmeer**. Niemand sollte sie angreifen können. Das ist ihnen gut gelungen, oder?

Burg Bran

SPITZE ZÄHNE

Auf dieser Burg in Rumänien soll
Graf Dracula gewohnt haben.
Ob es den Vampir wirklich gab?
Wer weiß.

Alhambra

Die **Alhambra** steht in Spanien und wurde von
den **Mauren** erbaut. Innen gibt es tolle Gärten,
Labyrinthe, Wasseranlagen und verzierte Säulen.

Tschüss, ihr Burgen. Hallo, Schloss!

Das ist ja eine Kanone. **Donnerwetter!**

Zum Ende des Mittelalters kommen **Schießpulver** und Kanonen zum Einsatz. Gegen Kanonen helfen Gräben und Zugbrücken nicht. Und so kommen die Burgen langsam aus der Mode.

Auch die Ritter kommen unter Beschuss. Ihre Rüstungen schützen sie nicht vor den Kugeln. Eben waren die Ritter noch Helden und Drachentöter. Jetzt werden sie nicht mehr gebraucht.
Ihre Burgen verfallen.
Arme Ritter!

Arme Ritter?
Das klingt lustig.
Das probiere ich
gleich mal aus.

Arme Ritter

Du brauchst:

+ 4 dicke Scheiben Weißbrot
+ 2 Eier
+ 1 Glas Milch
+ Butter zum Braten
+ 4 Esslöffel Zucker
+ ein wenig Zimt

Als Erstes vermischst du den Zucker mit ein
wenig Zimt. In einem tiefen Teller verquirlst du
die Eier mit der Milch. Als Nächstes weichst
du die Brotscheiben kurz darin ein und legst
sie beiseite. Jetzt schmilzt du Butter in einer
Pfanne. Brate die Brotscheiben in der Pfanne,
bis sie goldbraun und knusprig sind.
Nun streust du Zimt und Zucker darüber.
Am besten schmecken die armen Ritter,
wenn sie noch warm sind.

Guten Appetit!

Schloss Moritzburg

Die Zeit der Burgen ist vorbei.
Nun werden Schlösser gebaut.
Sie sind viel prächtiger als Burgen.
Die Besitzer wollen zeigen,
wie reich und mächtig sie sind.

 Das ist Schloss **Moritzburg**. Es gehörte August dem Starken. Er war König von Polen und Kurfürst von Sachsen.

 Ist ja stark! Hat er von hier aus regiert?

 Nein. Schloss Moritzburg war nur sein **Jagdschloss**. Nach der Jagd feierte er oft Partys mit seinen Freunden und Bekannten.

 Was? Ein ganzes Schloss nur zum Feiern?

 Ja. Es hat 200 Zimmer. Dort fanden alle nach dem Fest ein Bett: August der Starke, seine Familie, seine Gäste und Diener.

Ein berühmter Film spielt auf Schloss
Moritzburg: „Drei Haselnüsse für
Aschenbrödel". Irgendwo hier auf der
Treppe verliert Aschenbrödel ihren Schuh.
Aber natürlich findet ihn der Prinz.

Schuhe aus Leder?
Ja klar. Aber Leder an der Wand?
In Schloss Moritzburg haben heute
noch elf Zimmer Tapeten aus Leder.
Früher waren es mal sechzig.

Der Speisesaal ist mit 71 Geweihen von Hirschen geschmückt.
Das schwerste **Rothirschgeweih** der Welt ist auch dabei.
Es wiegt 20 Kilogramm – so viel wie 200 Tafeln Schokolade.

Traumschlösser

ab 1869

Das Märchenschloss

Schloss **Neuschwanstein** tut so, als wäre es eine Burg. Hoch oben in den Bergen thront es, mit seinen vielen Türmen. König Ludwig II. von Bayern ließ dafür extra die Bergspitze sprengen.

Dabei hätte im Mittelalter niemand so gebaut – ohne Verteidigungsanlagen. Macht aber auch nichts, denn das Mittelalter ist lange vorbei. Und heute ist Schloss Neuschwanstein in aller Welt bekannt.

ab 1787

Royal Pavillion, England

Das Liebesschloss

Auch Prinzen haben es nicht immer leicht. Prinz George hatte Ärger mit seiner Familie, weil er seine große Liebe nicht heiraten durfte. Verrückt vor Liebe baute er ein völlig verrücktes Schloss. Außen indischer Tempel, innen alles chinesisch.

Die Geländer sehen aus wie Bambusstangen. Von mancher Decke fauchen Drachen. Unter dem Schloss gibt es einen 60 Meter langen Tunnel, sodass man heimlich man heimlich rein- und auch wieder rauskonnte.

Was für ein Typ!

Ludwig wird schon mit vier Jahren König. Unter ihm wird Frankreich zu einem mächtigen Königreich.

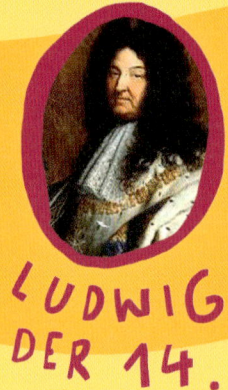

LUDWIG DER 14.

König Ludwig
baut ein riesiges
Schloss in einem Sumpf.
Ein Sumpf ist matschig und
kein guter Boden für ein Schloss.
Es macht also keinen Sinn, ein
Schloss im Sumpf zu bauen.
Der König will damit zeigen,
dass er mächtiger ist
als die Natur.

Wie, der Mann tanzt?

Ja, König Ludwig ist ein begabter Balletttänzer. Er gründet die erste **Ballettschule** in Europa. Übrigens: Ballett ist zu Ludwigs Zeit reine Männersache.

FILU DER 1.

König Ludwig möchte,
dass alle ihn bewundern.
Schon morgens gucken ihm
200 Leute beim Anziehen zu.
Das ist eine Ehre für sie.

SONNENKÖNIG

Der König
sieht sich als die Sonne,
um die sich alles dreht.
Er bekommt den Beinamen
„der Sonnenkönig".
Nicht gerade **bescheiden**,
oder?

König Ludwig
trägt eine Perücke
mit langen Locken.
Er versteckt darunter seine
dünnen Haare. Das ist
Mode zu seiner Zeit. Er lässt
sich **Lüftungsklappen**
in die Perücke einbauen,
damit es ihm nicht
zu warm wird.

Wie lebte es sich am Hof des Sonnenkönigs?

Im **Spiegelsaal** hingen 17 riesige Spiegel. Sie fingen die **Sonnenstrahlen** von draußen ein. Spiegelglas war früher furchtbar teuer.

Es gab im Schlosspark gar nicht genug Wasser, um alle Springbrunnen **gleichzeitig** anzumachen. Wenn der König im Park spazieren ging, **schmissen** seine Gärtner schnell die Brunnen an, an denen er vorbeikam. Ging er weiter, drehten sie den **Wasserhahn** wieder zu.

Die Frauen trugen ein enges **Schnürkorsett**, damit sie ganz schlank **aussahen**. Gesund war das nicht. Oft kriegten sie nicht genug Luft. Dann fielen sie in Ohnmacht.

Lange Zeit dachten die Menschen, dass durch Wasser **Krankheiten** in den Körper kommen. Da wuschen sie sich lieber nicht. Sie rieben sich nur mit Tüchern ab. Ein Schwung Parfüm drauf und schon rochen sie ganz gut.

Haare waschen? Natürlich nicht. Die Menschen bei Hofe puderten einfach ihren Kopf. Flöhe und Läuse fanden das super.

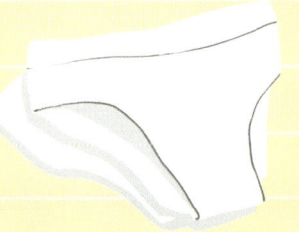

Um sich sauber zu fühlen, **wechselten** manche **Schlossbewohner** mehrfach am Tag ihre **Unterhosen**.

Besuch beim Schlossgespenst

 Guten Tag, liebes Gespenst von Schloss Bückeburg. Ich kann dich nicht sehen, aber ich weiß, dass du hier bist.

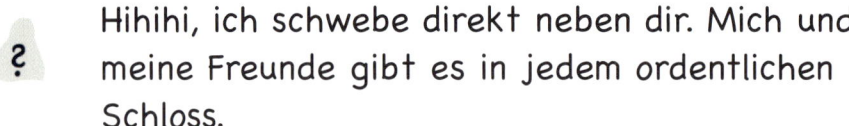 Hihihi, ich schwebe direkt neben dir. Mich und meine Freunde gibt es in jedem ordentlichen Schloss.

Wieso erschreckst du die **Schlossbewohner**, Gäste und Hausmeister?

Na, hör mal! Die Leute wollen sich doch ein bisschen gruseln.

 Und wie schaffst du es, dass sie sich gruseln?

Ganz einfach. Neulich habe ich **Kinderlachen** durch das Schloss hallen lassen. Da hat der Hausherr gleich eine Mannschaft Geisterjäger bestellt.

Geisterjäger? So etwas gibt es?

 Ja. Sie kamen mit **Fotoapparaten** und einem Gerät, das Geräusche aufnimmt. Hihi.

 Und – haben sie dich erwischt?

 Klar doch! Ich habe Stimmen nachgemacht und sie haben die Stimmen aufgenommen. Die **Geisterjäger** waren richtig aus dem **Häuschen**. War mir eine Ehre. Nur mit einem Foto konnte ich leider nicht dienen.

Bis jetzt konnte noch niemand beweisen,
dass es Gespenster gibt. Nicht einmal die Geisterjäger.
Trotz Kameras, **Thermometer** und allerlei anderer
Geräte. Damit versuchen sie, Geräusche einzufangen.
Oder einen Geist aufzunehmen. Sie stellen sich
in einem Zimmer auf und horchen in die Dunkelheit.
Danach schreiben sie einen Bericht.
Darin erzählen sie, was sie gehört
und gesehen haben.

Und heute?

In Schloss **Bellevue** arbeitet der
Bundespräsident und **empfängt** seine
Gäste. Bellevue heißt „schöne Aussicht",
weil man vom Schloss prima in einen
riesigen Park sehen kann.

„BELLWÜ"

Manche Liebespaare heiraten
auf einem Schloss.
Das finden sie romantisch.

Auf Burgen und Schlössern feiern die
Menschen ganz wie früher – in Kostümen.

ICH IN PARIS ♥

Der Louvre war ein **Königsschloss** in Frankreich.
Heute ist er ein Museum.
Hier hängen viele berühmte Gemälde.

Der Eingang zum Museum ist neu.
Er hat die Form einer riesigen
Glaspyramide.

Sandburgen – Buddeln ist Kunst

Das **Mittelalter** und die **Burgenzeit** sind vorbei.
Aber sie faszinieren viele Menschen noch heute.
Also bauen sie Burgen aus Sand.
Sie treten bei **Wettbewerben** gegeneinander an,
wer die schönste Burg bauen kann.

Erst mal nachdenken!
Wie **schnitzen** wir aus diesem
Sandklops eine schöne Burg?
Schließlich will unsere
Mannschaft gewinnen!

1 Mit dem richtigen Sand kann man meterhohe
Burgen bauen.

2 Sandburgen können einige Wochen stehen
bleiben, ohne einzustürzen.

3 Der Sand muss beim Bauen immer schön nass bleiben.
Die richtige Mischung von Sand und Wasser ist sehr wichtig.
Forscher haben herausgefunden, wie es am besten geht.

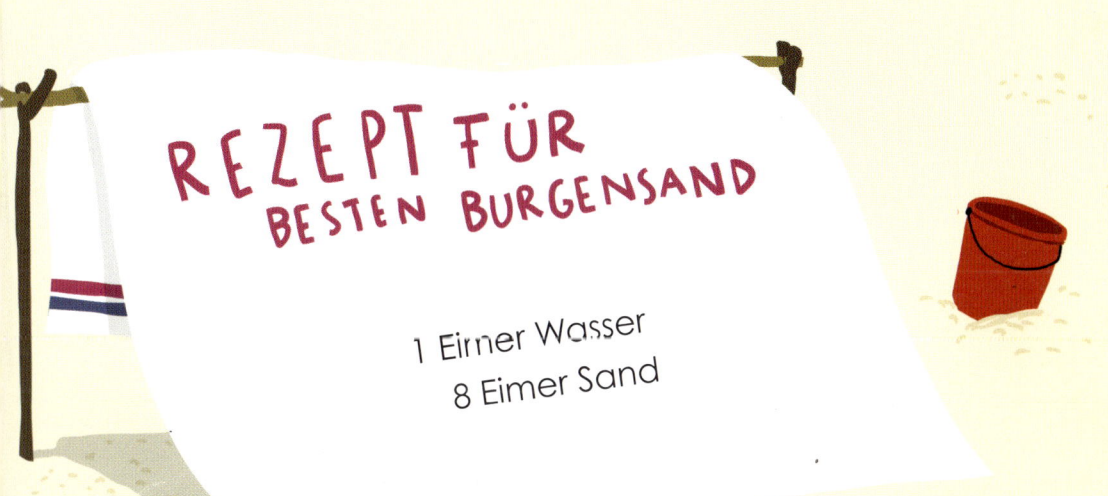

REZEPT FÜR
BESTEN BURGENSAND

1 Eimer Wasser
8 Eimer Sand

Das königliche Quiz

FILU

I. Burgenstark

Dies ist

a eine Wasserburg
b eine Höhenburg
c ein Luftschloss

Was hast du behalten?
Blätter ruhig zurück, wenn
du die Antworten suchst!

2. Vom Pagen zum Ritter

Welcher Satz stimmt?

a Mit 14 Jahren wird man Ritter.
b Pagen helfen den Rittern beim Kampf.
c Ein Ritter ist immer höflich zu den Frauen.

3. Mädchensache!

1 Im Mittelalter durften Mädchen

a nicht reiten.
b keine Ritter werden.

2 Johanna von Orléans war

c ein Bauernmädchen.
d eine Burgherrin.

4. Gute Zeiten, schlechte Zeiten

Welches Besteck gab es im Mittelalter noch nicht?

a ⭕   **b** ⭕   **c** ⭕

5. So viele tolle Burgen!

Welcher Satz passt zu welcher Burg?

a Diese Burg steht in Rumänien.
  Hier soll Graf Dracula gewohnt haben.

b Diese Burg steht in Japan.
  Sie ist aus Stein und Holz gebaut.

c Willkommen in der Alhambra. In Spanien.

d Keine Chance auf einen Angriff.
  Diese Burg wurde von Mönchen erbaut.

6. Tschüss, ihr Burgen. Hallo, Schloss!

Welche Sätze sind richtig?

a Mit ihren Schlössern wollten die Besitzer zeigen,
  wie reich und mächtig sie sind.

b Am Ende des Mittelalters werden die Ritter arbeitslos.

c Der Speisesaal von Schloss Moritzburg ist mit 71
  Bärenfellen geschmückt.

7. Besuch beim Schlossgespenst

Das Gespenst von Schloss Bückeburg hat fünf Wörter
unsichtbar gemacht. Kannst du sie wieder sichtbar machen?
Kreise die Wörter ein.

X	P	C	L	F	T	M	O
G	R	U	S	E	L	N	Q
E	H	F	D	I	F	A	N
I	S	C	H	L	O	S	S
S	R	L	Y	J	T	U	V
T	J	P	M	K	O	W	R
G	E	R	Ä	U	S	C	H
Q	E	S	D	N	B	S	Z

Geschafft?
Herzlichen Glückwunsch!
Du kennst dich super aus mit
Schlössern und Burgen!

URKUNDE

ECHTER EXPERTE FÜR

BURGEN UND SCHLÖSSER

NAME

Kennst du das schon?

Wie funktioniert die Känguru-Post?

Wie funktioniert die Känguru-Post? Welches Tier ist am schnellsten? Und warum fürchten sich die Menschen vor dem Wolf? Entdecke spannende Fakten über wilde Tiere!

- Für geübtere Leser
- Kurze Kapitel, vielfältige Themen
- Mit kuriosen Forscherfuchsfakten

Kathrin Köller, Julia Dürr
Wild!
Tierisches vom Tiger bis zum Känguru
56 Seiten · Hardcover
ISBN 978-3-7641-5063-1

Trage deinen Namen auf der Urkunde ein.

Auf www.ueberreuter.de kannst du dir die Urkunde auch herunterladen.